LE TABLEAV DV GOVVERNEMENT PRESENT,

OV ELOGE DE SON EMINENCE

SATYRE DE MILLE VERS.

Nouuelle edition reueuë, & exactement corrigée.

A PARIS,

Ce 27. Mars, 1649.

LE TABLEAV DV GOVVERNEMENT PRESENT, OV ELOGE DE SON EMINENCE.

Satyre de mille Vers.

PEVPLES, elevez des Autels
Au plus Eminent des Mortels,
A la premiere Intelligence,
Qui meut le grãd corps de la France,
A ce Soleil des Cardinaus,
De qui d'*Amboise*, & d'*Albornos*,
Ximenes, & tout autre Sage
Doivent adorer le visage.
Le Globe de l'Astre des Cieux
Est moins clair & moins radieux:
Ses rayons persant les tenebres,
Produisent trente Autheurs celebres,
Et font vn affront au Soleil,
Par cet ouvrage nompareil:
Que si vos debiles paupieres
Ne peuvent souffrir les lumieres
De ce Corps dé-ja Glorieux,
Qui vous éblouïront les yeux,
Contemplez l'Ame plus obscure,
La sagesse, & la foy moins pure,
Le Iugement moins lumineux
De ce *Politique* fameux,
Qui rend l'*Espagne* triomphante,
Et la *France* si languissante:
Dans ses ambicieux souhaits,
Il ne veut ny Tréve, ny Paix,
Sa fureur n'a point d'intervalles,
Il suit les vertus infernales:
Les fourbes & les trahisons,

Les parjures & les poisons
Rendent sa probité celebre,
Iusqu'en l'Empire de Tenebre.
C'est le Ministre des Enfers,
C'est le Démon de l'Vnivers:
Le fer, le feu, la violence
Signalent par-tout sa clemence:
Les Freres du Roy mal-traitez,
Les Mareschaux decapitez,
Quatre Princesses exilées,
Trente Provinces desolées,
Les Magistrats emprisonnez,
Les grands Seigneurs empoisonnez,
Les Gardes-des-Seaux dans les chai-
nes,
Les Gentils-hommes dans les gênes,
Tant de genereux Innocens
Dans la *Bastille* gemissans,
Cette foule de Miserables,
Où les Criminels sont coupables,
D'avoir trop d'esprit ou de cœur,
Trop de franchise ou de valeur;
Tant d'autres celebres Victimes,
Tant de personnes Magnanimes
Qu'il tient sous ses barbares loix,
Dont il ne peut souffrir la voix,
Dont il redoute le courage,
Dont il craint mesme le visage:
Ce grand nombre de Mal-heureux,

Qui sentent son ioug rigoureux :
Leur sang, leurs prisons, leurs sup-
  plices
Sont ses plus aimables delices,
Il se nourrit de leurs mal-heurs,
Il se baigne en l'eau de leurs pleurs,
Et sa haine fiere & cruelle,
Dans leur mort mesme est immor-
  telle,
Il agite encor leur repos,
Il trouble leur cendre & leurs os,
Il deshonnore leur memoire,
Leur oste la vie & la gloire.
Ce Tyran veut, que ces Martyrs
N'ayent que d'infames soupirs,
Dans leurs plus injustes souffrances,
Qu'on approuve ses violances,
Et qu'on blesse la verité,
Pour adorer sa cruauté.
Il aime la fureur brutale
Des trois Suppots de sa Cabale,
De ce pourvoyeur de Bourreaux,
Et de ces deux Monstres nouveaux,
Qui plus terribles qu'vn *Cerbère*,
Dechirent sans estre en colere :
De *Testu* cette ame de fer,
Digne Prevost de Lucifer,
Cet instrument de tyrannie,
Qui rend la liberté bannie,
Ce Geolier, qui de sa maison
Fait vne cruelle prison,
Et qui traite avec insolence
Les braves Mareschaux de France,
Lors qu'il les conduit à la mort,
Lors que l'Etat pleure leur sort,
Lors que leur destin miserable
Rendroit vn Tigre pitoyable.
  Mais quels insignes attentats
N'ont fait *Machaut* & *Laffemas*?
Quels Iuges sont aussi severes,

Que ces deux cruels Commissaires?
Ces Bourreaux, de qui les souhaits
Sont de peupler tous les gibets,
De qui les mains sont toujours prêtes
A couper des illustres Têtes,
A faire verser à grands flots
Le sang dessus les echaffaus:
La mort naturelle & commune
Leur deplait, & les importune,
Et la sanglante a des appas,
Où leurs cœurs prennent leurs ebats.
En decapitant, ils se iouent,
Ils font encor plus gais, s'ils rouent:
Mais leur plus agreable jeu,
C'est de brûler à petit feu.
ARMAND a choisi ces deux Scythes
Pour ses fideles satellites,
Pour montrer qu'il tient en ses mains
La vie & la mort des humains,
Et qu'il regne par sa puissance,
Comme les Rois par leur naissance:
Ses Iuges menacent les Grands,
Et font trembler les innocens:
Castrin, *Marillac*, & *de Iars*
Ont paty devant ces Barbars,
Et veu leur mort dedans les yeux
De ces Tigres audacieux.
ARMAND voulant des sacrifices
De cruauté & d'injustices,
Pour parroistre ses seruiteurs,
Ils sont les Sacrificateurs:
Ce *Moloc* les a pour ses Prestres,
Il arme de couteaux ces Traitres,
Pour immoler sur ses Autels
Non des bestes, mais des Mortels.
Le vieux Tyran des *Arsacides*
A moins commandé d'homicides,
Que ce moderne *Phalaris*,
Ce Monstre entre les Favoris:
Son œil farouche & sanguinaire
S'allume

S'allume dedans sa colere,
Ses regards sont d'vn basilic,
Sa langue a le venin d'aspic,
Elle sert d'arme à sa malice,
Elle couure son iniustice,
Et mesle la douceur du miel,
A l'amertume de son fiel,
Et sa parole est infidelle,
Autant que sa main est cruelle:
Il ne perce qu'en caressant,
Et n'estouffe qu'en embrassant,
Il flatte lors mesme qu'il tuë,
Et son ame n'est iamais nuë,
Il deguise ses actions,
Dissimule ses passions,
Compose son geste & sa mine,
Le demon à peine deuine,
Le mal qu'il cache dans son sein,
Il lit à peine en son dessein,
Il aime les lasches finesses,
De perdre malgré ses promesses,
De lancer soudain dans les airs
La foudre sans bruit, sans esclairs,
De faire esclater vn orage,
Lors que le Ciel est sans nuage,
Il est meschant, il est trompeur,
Il est brutal, il est menteur,
Ses baisers sont baisers de traistre,
Il n'est iamais ce qu'il feint d'estre,
Il trompe par tous ses discours,
Et s'il traitte auecque des sourds,
Il les deçoit par son visage,
Contrefait le doux & le sage,
Leur sousrit, leur presse les mains,
Et par des conseils inhumains,
Fait apres tomber sur leur teste
Vne formidable tempeste.
Si les Reines l'ont en horreur,
Il pleure pour gagner leur cœur,
Il les combat auec leurs armes,

Et lors qu'il verse plus de larmes,
Il leur prepare vne prison,
Et s'il est besoin, du poison,
Ses pleurs sont pleurs de crocodile,
Qui menacent de la Bastille,
Qui pour vanger des desplaisirs,
Causent des pleurs & des souspirs.
Son ame prend toute figure,
Horsmis celle d'vne ame pure,
Il fait ce qu'il veut, de son corps,
Le dedans combat le dehors,
C'est luy, sans que ce soit luy mesme,
Enfin, c'est vn bouffon suprême,
Sans masque il est toujours masqué,
Turlupin n'a point pratiqué
Tant de tours, ny tant de souplesses,
Tant de fourbes, ny tant d'adresses,
Que ce protecteur des boufons,
Ce grand Mecenas des fripons,
Il fait bien chaque personnage,
Fors celuy d'vn Ministre sage,
Il imite bien les Tyrans,
Et les Ministres ignorans:
Ce Charlatan sur son theatre,
Croit voir-tout le monde idolatre
De ses discours, de ses leçons,
De ses pieces, de ses chansons.
On souffriroit ses comedies,
Quoy que foibles & peu hardies,
Si de tragiques mouvemens
N'en troubloient les contentemens,
S'il n'avoit affoibly la *France*,
En detruisant son abondance,
En augmentant tous les impos,
En multipliant tous les maux,
En tirant le sang des Provinces,
En persecutant les grands Princes,
En outrageant les Potentats,
En vsurpant tous leurs Estats,
En formant vne longue guerre,

B

En l'attirant dans notre terre,
En nous livrant aux Eſtrangers,
En mepriſant les grands dangers,
En degarniſſant les frontieres,
En n'aſſeurant point les rivieres,
Bref, en abandonnant les Lis
A la fureur des ennemis,
Au fort des armes ſi funeſte,
A la faim, la guerre, la peſte.
Lorſqu'il doit penſer aux combats,
Il prend ſes comiques ébats,
Et pour ouvrage ſe propoſe
Quelque poëme pour *Belle-roſe*,
Il decrit de fauſſes douleurs,
Quand l'Eſtat ſent de vrais malheurs,
Il trace vne piece nouvelle,
Quand on emporte la *Capelle*,
Et conſulte encor *Boiſ-robert*,
Quand vne Province ſe pert:
Les peuples ſont touchez de crainte,
Le Parlement porte leur plainte,
Implore le Roy pour Paris,
Sans offenſer les favoris.
Armand toutefois le querelle,
Enflamme ſa face cruelle,
Et d'vn regard de furieux,
Le traite de Seditieux.
Certes, Illuſtre Compagnie,
Tu dois adoucir ce Genie,
Dont le iugement nonpareil
Paroiſt plus clair que le Soleil,
Luy ſeul decouvre toute choſe,
Previent les effets dans leur cauſe,
Perce la nuit de l'avenir,
Sçait tout defendre, & tout munir:
Il a pris l'attaque du *Liege*,
Pour vne ruſe & pour vn piege;
Il a preveu ce que tu vois,
Le meurtre des peuples Fra çois,
Dix mille bourgades pillées,

Vn grand nombre d'autres brulées,
L'horreur, la mort de toutes parts,
Trente-mil habitans épars,
Cachez dans les lieux ſolitaires,
Dix mille dé-ja tributaires,
Et les fers encor preparez
Aux foibles & moins remparez.
Demeure donc dans le ſilence,
Auguſte Oracle de la *France*,
Laiſſe *Armand* mener le Vaiſſeau,
Nul autre Pilote nouveau
Ne peut conjurer la tempeſte,
Qui gronde deſſus noſtre teſte:
Luy ſeul commande aux elemens,
Luy ſeul eſt le Maitre des vens,
Luy ſeul bride le fier *Neptune*,
Lorſque ſon onde l'importune,
Il luy fait des eſcueils nouveaux,
Il ſe promene ſur ſes eaux,
Et d'vne Digue merveilleuſe
Dompte ſa nature orgueilleuſe:
Si le Dieu de toutes les mers
S'eſt veu captif deſſous ſes fers,
Ne domptera-t il pas l'*Eſpagne*,
S'il la rencontre à la campagne?
Les humains flechiront-ils pas,
Voyant que les Dieux ſont à bas?
Il a vaincu les *Nereïdes*,
Terraſſé les troupes humides,
Foudroyé cent-mille *Tritons*,
Et ne craint vingt-mille fripons,
Ou cett' Eſpagnole canaille,
Qui fuïra devant la bataille.
Armand, le plus grand des humains
Porte le tonnerre en ſes mains,
Il gouverne la deſtinée,
Il tient la Fortune enchainée,
Son eſprit fait mouvoir les Cieux,
Brave les Rois & Demi-dieux.
Crain-tu de n'avoir point de poudre?

Ce *Iupiter* porte la foudre :
Crains-tu de manquer de canons?
Il est trop au dessus des noms,
Au dessus des tiltres vulgaires,
Au dessus des loix ordinaires,
Pour employer dans les combats,
Autre tonnerre que son bras :
Ses moins fortes rodomontades
Sont bien plus que des canonades,
Dans ses plus foibles visions
Il terrasse dix legions,
En parlant auec ses esclaues
Il fait déja peur aux plus braues,
Auec ses seules vanitez
Il reprend déja des Citez,
Et dans sa plus froide arrogance
Conçoit vne riche esperance.
Il plaint quasi ces Estrangers,
De s'estre mis dans les dangers,
Où se sont mis *Valence & Dole*,
Par leur temerité friuole :
Ce Sage se rit de ces fous,
Et les croit voir à deux genoux.
Excuser leur outrecuidance,
D'auoir irrité sa prudence,
D'auoir mesprisé *Richelieu*,
Dont le nom rime à demy-Dieu,
D'auoir d'vne atteinte mortelle
Esbranlé sa pauure ceruelle,
D'auoir resucillé ses humeurs,
Qui l'ont agité de fureurs,
D'auoir terny toute sa gloire,
D'auoir esmeu sa bile noire,
D'auoir rendu son poil plus blanc,
D'auoir trop eschauffé son sang,
Et d'auoir reduit son derriere
A sa disgrace coustumiere.
Il croit, se voyant à cheual,
Voir *Alexandre & Bucefal*,
Il croit que sa seule prudence,

Le renom de son insolence,
Le son de ses trente mulets ;
Le grand nombre de ses valets,
Les destours de sa Politique,
Les secrets de son art comique,
Le verd esclat de ses lauriers,
Le bruit de ses actes guerriers,
Le feu de son masle courage,
Et les rayons de son visage,
Glaceront les timides cœurs
De ces fiers & cruels vainqueurs :
Il croit déja piller *Bruxelles*,
Et par des vangeances cruelles,
La traitter comme on fit *Louuain*,
Apres la bataille d'*Auein* :
Pour faire de si beaux miracles,
Il consulte de grands Oracles,
Le *Moine*, de *Noyers*, *Seguyer*,
Le jeune & le grand *Boutillier*,
Voila les Conseillers supremes,
Qu'il consulte aux perils extremes.
Le *Moine* imite saint François,
Il protege les *Suëdois*,
Il a le zele Seraphique,
Il travaille pour l'heretique,
Il est percé du divin trait,
Mais non encore tout à fait,
Car il porte bien les stigmates,
Mais non les marques escarlates :
Son Capuchon pyramidal
Ne luy plait qu'estant à cheval
Sur la beste luxurieuse,
Qui prend la posture amoureuse,
Et par le branle & par le choc
Fait dresser la pointe du froc :
Il n'a plus le simple equipage
Du fameux mulet de bagage,
Qui n'avoit comme vn *Cordelier*,
Pour train qu'vn asne regulier :
Cette vieille beste de somme

A pris le train d'vn Gentil-homme,
Qu'*Hebron*, quand le vin l'animoit,
Le brave Cavalier nommoit :
Il a suivant & Secretaire,
Il a carrosse, il a litiere,
Il a des laquais insolens,
Qui jurēt mieux, que ceux des grans :
Il est l'Oracle des Oracles,
Il est le faiseur de miracles,
L'Esprit Saint forme ses discours,
Vn Ange les escrit toujours,
Ils font par tout fleurir la guerre,
Ils le canonizent en terre,
Il est des Saints Reformateurs
De l'Ordre des freres *Mineurs* :
Il fait vne Regle nouuelle
Pour grimper au Ciel sans eschelle,
Pour y monter à six cheuaux,
Et par ambicieux trauaux,
Gagner Dieu par où les ames
Gagnent les eternelles flammes,
Pour estre *Capucin* d'habit,
Pour estre esclaue du credit,
Pour estre Eminent dans l'Eglise,
Pour empourprer la couleur grise,
Pour estre martyr des Enfers,
Pour estre vn monstre en l'Vniuers.

Seguier, Race d'Apotiquaire,
Est vn esclaue volontaire,
Il est valet de *Richelieu*,
Et l'adorateur de ce Dieu,
Il prend pour regle de Iustice,
Ce bon Saint sans fard ny malice,
Et dit le voyant en Tableau,
Le Ciel n'a rien fait de si beau :
Ses volontez luy sont sacrées,
Ses aigres iniures sucrées,
Il tremble, il fleschit les genoux,
Il est prest à souffrir les coups,

L'appelle *Monseigneur & Maistre*,
Est pour luy violent & traistre,
Pour luy ne connoit plus de loix,
Pour luy viole tous les droits,
Sur son billet n'ose rien dire,
Seelle trente blancs sans les lire,
Trahit son sens & sa raison,
Tant il redoute la prison :
Il est morne & melancholique,
Il est niais & lunatique,
Vne linotte est son ioüet,
Il est solitaire & muet,
Toujours pensif & toujours morne,
Rumine comme beste à corne,
Il auroit esté bon *Chartreux*,
Car il est sombre & tenebreux :
Son humeur pedantesque & molle
Sent tres-bien son maistre d'eschole,
Il n'a point noblesse de cœur,
Quoy qu'ait dit vn lache flateur,
Sa perruque en couurant sa teste,
Couure en mesme temps vne beste,
Car des bastons au temps iadis
Ont rendu ses sens estourdis :
Il va tous les iours à la Messe,
Sans que son iniustice cesse,
Les *Moines* gouuernent son seau,
Quand ils veulent, il fait du veau,
Les Ordonnances Seraphines
Luy tiennent lieu de loix diuines,
Et la plus sainte Faculté
Par luy n'a plus de liberté.
Si *Richelieu* deuient iniuste,
Contre le *Parlement Auguste*,
Il a l'ardeur d'vn Renegat,
Et sous main les choque & les bat :
Mais son auarice est extréme,
Et dans sa dignité supreme,
Il fait le gueux & le faquin,
Comme s'il n'auoit pas du pain :

Son

Son ame baſſe & mercenaire
Le rend plus cruel qu'vn corſaire,
S'il y va de ſon intereſt,
Ou quãd quelque maiſon luy plaiſt,
Il ne croit point d'illuſtre ouurage
Que de s'enrichir dauantage,
Et pleuré de n'auoir encor,
Peu gagner vn million d'or.

La *Fabry*, cette Serruriere,
Cette laide, cette fripiere,
Ce dragon qui rapine tout,
Qui court *Paris* de bout en bout,
Pour auoir aux ventes publiques,
Les meubles les plus magnifiques,
Et ne donnant qu'vn peu d'argent,
Elle fait trembler le Sergent:
C'eſt à *Seguier* vne harpie,
Vn Demon, qui ſans ceſſe crie,
Qu'il faut voler à toutes mains,
Que ſans biens les honneurs ſont
   vains:
Elle contrefait la bigotte,
Et ſe laiſſe lever la cotte,
Aſſaiſonnant ſes voluptez,
D'eau beniſte & de charitez.
Son mary careſſe les *Moines*,
Elle careſſe les *Chanoines*,
Et fait auecque chacun d'eux,
Ce que l'on peut faire eſtant deux.

De *Noyers*, nouueau Secretaire,
Merite bien quelque ſalaire,
Car il eſt aſſez bon valet,
Quoy qu'il ne ſoit qu'vn triboulet,
Et ne connoit point de prudence
Que la plus laſche complaiſance,
Et cherche ſon éleuement,
Par vn infame abaiſſement:
Sa vertu n'eſt point ſcrupuleuſe,

Et d'vne adreſſe merueilleuſe,
Quitte le bien, & ſuit le mal,
Selon qu'il plaiſt au *Cardinal*:
Vne legere ſuffiſance
Paſſe en luy pour grande ſcience,
Et le ſignale entre ces veaux,
De Lomenie & Phelipeaux:
Son ame eſt égale à ſa mine,
Elle eſt petite, foible & fine,
Et n'a point du tout cét éclat,
D'vn grand Secretaire d'Eſtat,
Sa ſplendeur n'eſtant que commune,
Ne peut aux yeux eſtre importune,
Et ſon naturel bas & doux
Luy donne fort peu de jaloux.

Seruien, ton noble Genie
T'a fait fuir la tyrannie
De ce regne, où les genereux
Sont tous pauures & malheureux:
Ainſi l'aſtre par la lumiere,
Eſclatte vne vapeur groſſiere,
Qui ternit toute la clarté,
Et qui nous cache ſa beauté:
Que ſi le Soleil chaſſe l'ombre,
Et perce le nuage ſombre,
Eſpere que les enuieux
Te verront vn iour glorieux.

Mais le plus beau des Politiques
Eſt *Chauigny*, dont les pratiques
Luy procurent auant le temps,
Le venin des plus vieux ſerpens:
Il eſt fourbe, il eſt temeraire,
Armand l'a pour ſon emiſſaire,
Et vers *Monſieur* & vers *le Roy*,
Et vers tous deux il eſt ſans Loy,
Il tromperoit ſon propre pere,
Il trahiroit ſa propre mere;
Si le cours de ſes paſſions

Rapportoit à ses actions,
Il a tant apris d'vn tel Maistre
Le mestier de fourbe & de traistre,
Qu'il est le premier Fauory
De ce Ministre au cul pourry.
Ses prodigieuses richesses
Le fôt brûler pour deux maistresses:
Par la gloire il est emporté,
Par les femmes il est dompté:
Son esprit embrasse les vices,
Son corps embrasse les delices,
Qui corrompent le iugement,
Par le brutal débordement:
Il se flatte de l'esperance,
De se voir Duc & Pair de France,
Et dans son desir violent,
Trouue que son remede est lent:
L'amour qu'*Armand* luy porte est
   telle,
Qu'elle esgale la paternelle,
Et si son pere n'estoit doux,
Il en pourroit estre jaloux.
Sa femme apprend du bon *Stoique*
La naturelle Politique,
Et que tout vice estant esgal,
L'adultere est vn petit mal,
Mais pour punir cette Coquette,
Il luy rend ce qu'elle luy preste.
Voila *les Ieannins*, *les Sullis*,
Les Villerois, *les Silleris*,
Dont ce fier Tyran de la France
Consulte la rare prudence.
Si tu demande des Heros,
Qui nous deliurent de nos maux,
Les Brezez & les Meillerayes
Sont les Medecins de nos playes:
Si tu veux des foudres de Mars,
Qui seruent de viuans rempars,
Coeslin dans la plaine campagne
Sert plus qu'vne haute montagne,

Courlay dans l'Empire des flots,
Fait vn grand rocher de son dos:
Ces deux bosses gardent la France
De toute maligne influence:
Tous ces braues Auanturiers,
Nous promettent mille lauriers:
Ils outragent les Capitaines,
Ils font des entreprises vaines,
Et quoy qu'ils craignent les hazars,
Ils veulent passer pour Cesars.

Mais qui regne sur les Finances?
Bullion, dont les violences
Sont le principal instrument
De cét heureux gouuernement,
Le plus cruel monstre d'*Afrique*,
Est plus doux que ce frenetique,
Qui triomphe de nos malheurs,
Qui s'engraisse de nos douleurs,
Qui par ses aduis detestables,
Rend tous les peuples miserables,
Qui par ses tyranniques loix
Les fait pleurer d'estre *François*:
Qui surpasse les bourreaux mesmes,
Se plaist dans leurs tourmens extre-
   mes,
Qui d'vn exil trempe ses mains
Dans le sang de cent mil. humains,
Qui leur blessure renouuelle
Du fer de sa plume cruelle,
Et rit en les faisant souffrir
Mille morts auant que mourir.
Est-il vn merite si rare,
Qui puisse adoucir ce barbare?
Le grand *Veimar* & sa valeur,
Peuuent-ils flechir ce voleur?
Il ne connoit point de Iustice,
Que les fougues de son caprice,
Il outrage les Officiers,
Il gourmande les Chanceliers,

Armand souſtient ſon inſolence,
Vole auec luy toute la France,
Et pour confirmer les Edits,
Rend les Magiſtrats interdits :
Tous les François ſont tributaires
De ces deux horribles Corſaires :
Iamais Pirates ſur les mers
N'ont fait tant de larcins diuers :
Ce nautonier a ce pilote,
Rapinant auec vne flote :
Cornuel meut les auirons,
Qui tout ſeul vaut trente larrons,
Bullion par ſon auarice,
Entretient ſon luxe & ſon vice :
Ce *gros Guillaume* racourcy,
A toujours le ventre farcy,
Et plein de potage & de graiſſe,
Baiſe ſon infame maiſtreſſe,
Le gros *Coquet*, ce gros taureau,
Eſt ſon honneſte macquereau.
Voila la fidelle peinture
D'vn auorton de la Nature,
D'vn *Bacchus*, d'vn Pifre, d'vn Nain,
D'vn Serpent enflé de venin,
Que *Louis* d'vn coup de tonnerre,
Doit exterminer de la terre :
PARIS pour illuſtre tombeau,
Luy prepare vn ſale ruiſſeau,
Promet de longues funerailles,
A ſes tripes, à ſes entrailles,
Et s'oblige à grauer ſon nom,
Sur les pilliers de Monfaucon.

Il fera bien la meſme grace,
A vn *Moreau*, qui le ſurpaſſe
En blaſphemes & iuremens,
Et l'eſgale en débordemens :
Ce Magiſtrat eſt adultere,
Iniuſte, fripon, temeraire,
Et pour eſtre fils de Martin,

N'en eſt pas moins fils de putain :
Dans *Paris* il vend la Iuſtice,
Il exerce encor la Police,
Mais on y mépriſe ſa voix,
Et l'on hait ſes iniuſtes loix.

Grãd Senat tu hais tout de meſme
Ce *le Iay*, ce buffle ſupreme,
Le chef honteux d'vn noble Corps,
L'horreur des viuans & des morts,
Cét infame, qui ſans naiſſance,
Sans probité, ſans ſuffiſance,
Et ſans auoir ſeruy les Rois,
Se voit ſur le throſne des Loix,
Cét animal fait en Coloſſe,
Ce grand, puant, & ce vieux Roſſe,
Qui n'eſt bon que pour les harats,
Et pour les amoureux combats,
Qui dans *Maiſonrouge* ſe paſme,
En baiſant vne garce infame,
Qui parut mort entre ſes bras,
Qu'on trouua couché en ſes dras,
Qui dans cette extaſe brutale
Approcha de l'onde infernale,
C'eſt pour couronner ſon bon-heur,
S'il mouroit en ſon lit d'honneur.
Cét yvrongne n'a rien d'honneſte,
Son ame eſt l'ame d'vne beſte,
Et n'a que de laſches deſirs,
Et rien que de ſales plaiſirs :
Sa maiſon eſt vne retraite
Où loge l'ardeur indiſcrette,
Où regne *Venus & Bacchus*,
Des maquereaux & des cocus,
Cugy, d'Herbelay & Couruille,
Dont il voit la femme & la fille,
Il ſe plaiſt d'eſtre yvre ſouuent,
C'eſt alors qu'il paroiſt ſçauant,
Et que ceint d'vn laurier bacchique
Il diſcourt de la Republique,

De la *d'Herbelay*, de la *Tour*,
De leur beauté, de son amour:
Il vieillit sans deuenir sage,
Il fuit toujours le mariage,
Il estoit gendre & tres-meschant,
Du grand Capitaine *Marchant* :
Il estoit ciuil à sa femme,
Brusloit d'vne impudique flamme,
Elle de sa part l'encornoit,
Prodigue vers qui luy donnoit.
Ce bouquin, pour nourrir son vice,
Vend publiquement la Iustice,
D'*Herbelay* l'a mise à l'encan,
Tire huit mil escus par an,
Fait ordonner ce qu'on demande,
Pourueu qu'on luy porte vne offran-
  de,
Se vante parmy les tailleurs,
Qu'elle est grosse de Procureurs,
Qu'elle enfantera vingt Offices,
Le digne prix de ses seruices.
Que s'il est sale en ses amours,
Il est plus sot en ses discours,
Ses-harangues sont pedantesques,
Et pleines d'infinis grotesques,
Empruntant toujours son rollet,
D'vn esprit pedant & follet:
Il aime si fort la Nature,
Qu'il parle au Roy, d'agriculture,
De bien semer, de bien planter,
D'émonder d'élaguer, d'enter,
Il discourt tant d'vn art si rare,
Que dans les jardins il s'esgare,
Traite *Louis*, de Vigneron,
Adiouste ce tiltre à son nom,
Compare vn grãd arbre à la France,
Et ce bel Astre à sa prudence,
Qu'il sçait esbranler les Estats,
Qu'il sçait couper les Potentats,
Qu'il sçait enter guerre sur guerre,

Qu'il sçait bien cultiuer la terre:
Ainsi ce sublime Orateur,
Ce sage & delicat flatteur,
Ce Satyre à la gorge ouuerte,
Ce beau porteur de cire verte,
Cét Athée ennemy de Dieu,
S'est fait amy de *Richelieu* :
Il est traistre à sa Compagnie,
Les soubmet à la tyrannie,
Denonce les plus genereux,
Excite *Richelieu* contr'eux,
Et fait qu'il ordonne vn supplice,
Pour le courage & la Iustice :
Il bannit les bons Magistrats,
Comme perturbateurs d'Estats,
Introduit par toute la France
Le crime de leze Eminence,
Vange auec moins de cruauté
Celuy de leze Majesté,
Il fait reverer sa personne,
Plus que *Louis* & sa Couronne :
Par seruices dignes du feu,
Il a gagné le Cordon bleu,
Cordon qui seruira du corde,
Si on luy fait misericorde,
Car la rouë à peine est le prix
Des attentats qu'il a commis.
Armand, à ces ames si pures
Dispense les Magistratures,
Et fait regner sur ses subjets
Ceux qui sont dignes de gibets.
C'est la conduitte admirable,
De ce Ministre incomparable,
De ce Capitan sourcilleux,
De ce Matamore orgueilleux,
De ce ieune Hercule des Gaules,
Qui les porte sur ses espaules,
Qui sous ce faix n'est iamais las,
Qui n'a point besoin d'vn *Atlas*,
Et qui dessus sa maigre eschine

Veut

Veut porter la ronde machine.
Ce Courtisan subtil & vain,
A fait le Politique en vain,
Ses fautes sont toutes visibles,
Et ne nous sont que trop sensibles,
Les premieres prosperitez
L'ont signalé de tous costez,
Mais les avantures sinistres
L'ont mis au rang des sots Ministres,
Et c'est dans les plus grāds malheurs
Que l'on reconoit les grands cœurs,
L'esclat des heureuses fortunes
Rend rares les ames communes,
Et les ouurages du hazard
Passent pour chef-d'œuure de l'art,
Tout Pilote est bon sans orage,
L'imprudent alors paroist sage :
Mais il se monstre ingenieux,
Lors que les flots mōtent aux Cieux:
Quand Dieu punissoit l'infidele,
Quand il foudroioit le rebelle,
Quand il vangeoit le droit des Rois,
Quand il combattoit pour les loix,
Quand il châtioit la *Savoye*,
Quand il nous la donnoit en proye,
Quand il se servoit de nos mains,
Pour délivrer les Souverains:
Armand estoit égal aux Anges,
Et les flatteurs dans les loüanges
Donnoient au bras de *Richelieu*
Les miracles du doigt de *Dieu*.
Non que par ses soins & ses veilles,
Il n'ait eu part à ces merveilles,
Et que *Dieu* n'ait des instrumens,
Des plus fameux evenemens:
Mais la divine Providence
Conduisoit sa foible prudence,
La force des Astres divins
Mettoit la force entre ses mains.
Dieu regloit les causes secondes,

Et calmoit la fureur des ondes:
Il leur faisoit baiser alors,
Nostre digue ainsi que leurs bords,
Et la Providence eternelle,
L'a detruit apres la *Rochelle*,
Donnons-en la loüange à *Dieu*,
Non pas au nom de *Richelieu*.
Dans *Ré*, dans *Cazal*, & *Mantoüe*,
Qui n'a point veu que Dieu se ioüe
Des vains & des ambicieux,
Qui pensent escheler les Cieux ?
Lors que le Seigneur des batailles,
Attaque ou defend des murailles,
Les foibles domtent les puissans,
Et les Nains vainquent les Geans:
Sous luy les hommes obeissent,
Sous luy les Elemens flechissent,
Il retient le cours du Soleil,
Il destourne vn sage Conseil,
Il glace de peur les armées,
Il les rend d'ardeur enflammées,
Il meut leurs corps, pousse leur bras,
Dresse leurs mains, regle leurs pas,
Et par des détours inuisibles
Conduit les ouurages sensibles.
Armand faisoit fleurir les Lis,
Quand Dieu perdoit nos ennemis,
Armand ne trouuoit point d'obsta-
    cles,
Quand Dieu nous faisoit des mira-
    cles:
Mais quand il a pris pour obiect,
D'estre plustost Roy que subiect,
De faire adorer sa prudence,
Plus que sa Royale puissance,
D'estre le Tyran des *François*,
Et le fleau des plus grands Rois,
D'eternifer dedans la terre
Le triste flambeau de la guerre,
De violer tous les Traictez,

D

De voler toutes les Citez,
D'vsurper toute la *Lorraine*,
D'emprisonner sa *Souveraine*,
De separer ce que Dieu joint,
De mespriser ce qu'il enioint,
De rendre l'Eglise asservie,
De ne luy laisser que la vie,
De la faire esclave des Rois,
De ravir ses biens & ses droits,
De dissoudre vn saint mariage,
Pour faire vn ridicule ouurage,
Pour ioindre avec de ieunes Lis,
Des grateculs & seps vieillis,
Pour mesler le sang de la *France*
Au vil sang de son *Eminence*,
Pour faire Reine *Combalet* :
La veufue d'vn pauvre Argoulet,
La posterité d'vn Notaire,
L'Hermaphrodite volontaire,
L'Amante & l'Amant *du Vigean*,
La Princesse au teint de saffran,
La Najade, qui dans sa chambre
Tient vne fontaine d'eau d'Ambre,
Et le chaste *Dieu des Iardins*,
Parmy ses Lis & ses Iasmins :
Quand renuersant le cours des cho-
     ses,
Il a fait des Metamorphoses,
A rendu Vierge *Combalet*,
La femme d'vn Maistre Mulet,
Alors les Celestes puissances,
N'ont pû souffrir ses insolences :
On a veu cét audacieux
Haï de la Terre & des Cieux :
On a veu ses Palmes fanées,
Depuis le cours de trois années,
Dieu ne reglant plus ses desseins,
Ils ont paru des songes vains :
Car vouloir vaincre *l'Allemagne*,
Et domter la maison *d'Espagne*,

En laissant perir nos soldats
Victorieux *aux pays Bas*,
En consumant l'or des Finances
Dans l'esclat des magnificences,
En prodiguant pour ses Duchesses,
Dequoy munir les forteresses,
En amassant de grands thresors
Dedans *le Havre* & autres Ports,
En laissant dans les autres villes
Des troupes foibles & débiles,
Ayant plus de soin des prisons,
Que des Forts & des Garnisons,
C'estoit vn dessein Chimerique
Digne de ce grand Politique,
D'vn Heros au dessus des noms,
Du Roy des petites Maisons :
Ses visions creuses & folles
Ont mis les forces *Espagnoles*
Dans le sein de l'Estat *François*,
Et pres du Throsne de nos Rois :
La France a receu mil atteintes,
Ses douleurs esgalent ses craintes,
Tous ses membres sont languissans,
La guerre a perclus tous ses sens,
Et la vigueur de sa Noblesse
N'est plus auiourd'hui que foiblesse.
Elle est malade en tout son corps,
Ne peut faire de grands efforts,
A besoin que la main Diuine
Le preserue de sa ruïne,
Et ne doit demander à Dieu,
Que la perte de *Richelieu* :
Car si le Ciel benit nos larmes,
S'il seche le cours de nos armes,
Et qu'ARMAND possede LOVIS,
Par ses mensonges inoüis,
Il reprendra sa tyrannie,
Il redoublera sa manie,
Il bannira les plus puissans,
Il perdra les plus Innocens.

Il conçoit déja des vangeances,
Il prepare des violences,
Ce Lyon bat déja son flanc,
Son cœur est alteré de sang,
Ses yeux estincelans de rage,
Sa gueule s'apreste au carnage.
Faut il que combattant pour nous,
Nous nous exposions à ses coups?
Et qu'en defendant nos murailles,
Ce Serpent ronge nos entrailles?
Faut-il qu'en asseurant nos biens,
Nous nous asseurions nos liens?
Faut-il qu'en gardât nostre maistre,
Nous gardions ce barbare Prestre,
Et qu'esclaues comme deuant
Nous nous perdiôs en nous sauuant?

Grand Roy, bány par ta puissance
La seruitude de la France,

Chasse l'orgueilleux Potentat,
Et le Demon de ton Estat,
Ton triomphe sera funeste,
Si ce cruel Monstre nous reste,
Ouvre les yeux, arme ton bras,
Pour mettre deux Tyrans à bas,
Couronne tes faits, de la gloire,
Qu'auroit ceste double victoire,
Fay punir l'Autheur de nos maux,
L'autheur de mil & mil impos,
Fais que la Iustice diuine
Accable ce nouueau *Conchine*,
Laisse deschirer à *Paris*,
Le plus meschant des Fauoris,
Et suis en sauvant ta Couronne,
Cét Oracle de la Sorbonne :
Son Sepulchre en vain sera beau,
Les Tyrans n'ont point de tombeau.

FIN.

www.ingramcontent.com/pod-product-compliance
Lightning Source LLC
LaVergne TN
LVHW052332060726
842524LV00018B/2931